Das bin ich.
Ich bin ..... Jahre alt und gehe jetzt in die Schule.

Kannst du deinen Namen schreiben? Besonders lustig sieht es aus, wenn du jeden Buchstaben in einer anderen Farbe malst!

Ich kann schon meinen Namen schreiben!

Wer gehört zu deiner Familie? Deine Mama, dein Papa, eine kleine Schwester oder ein großer Bruder? Vielleicht habt ihr auch ein Tier? Du kannst ein Foto einkleben oder deine Familie malen.

Das ist meine Familie.
Ich habe ..... Geschwister.

Jeden Morgen gehst du den gleichen Weg in deine Schule. Wenn du eine Straße überqueren willst, musst du über eine Ampel gehen. Das grüne Ampelmännchen zeigt dir, wann du losgehen darfst.

Das ist mein Schulweg.
Ich muss ...... Straßen überqueren.

Wie sieht deine Schule aus? Gibt es auf dem Pausenhof einen alten Kastanienbaum? Klebe ein Foto ein oder male, wie es dort ist.

Hier könnt ihr meine Schule sehen.

Zur Begrüßung der neuen Schulkinder singen
die älteren Kinder ein fröhliches Lied.
Oder sie spielen ein kleines Theaterstück!
Male, was dir besonders gut gefallen hat.

An meinem ersten Schultag war was los!

Am ersten Schultag lernst du deine Lehrerin oder deinen Lehrer kennen. Du kannst ein Bild malen oder ein Foto von dir und deiner Lehrerin oder deinem Lehrer einkleben.

Unsere Lehrerin, unser Lehrer heißt .... Das bin ich mit meiner Lehrerin.

Toll, dass es am ersten Schultag auch Geschenke gibt! Sicher hast du eine große Schultüte mit vielen Überraschungen bekommen. Klebe ein Foto von dir mit deiner Schultüte ein.

Das bin ich mit meiner SCHULTÜTE.

In meiner Schultüte sind sooo viele Geschenke!

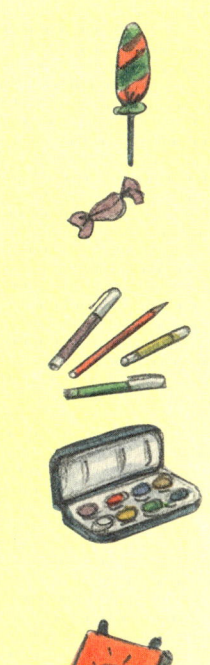

In deinem Klassenzimmer stehen viele Tische und Stühle. An der Wand hängt eine große grüne Tafel. Was gibt es noch in deinem Klassenzimmer? Hier kannst du malen, wie es dort ist.

So sieht es in unserem Klassenzimmer aus.

Bestimmt weißt du, wie das Kind neben dir heißt. Und wie heißen die Kinder, die um dich herum sitzen? Vielleicht möchtest du, dass diese Kinder ihre Namen in dein Album schreiben oder ein kleines Bild malen.

Neben mir sitzt ....
Und so heißen die Kinder, die ganz in meiner Nähe sitzen.

Hast du schon eine Freundin oder einen Freund in deiner Klasse? Ihr könnt mit Wasserfarben Finger- oder Daumenabdrücke in das Album stempeln. Wer mag, schreibt seinen Namen dazu.

Das sind die Fingerabdrücke von meinen neuen Freunden.

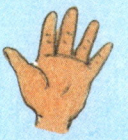

Was hast du in deinen Schulranzen gepackt?
Ein Federmäppchen, bunte Schulhefte und
ein Aufgabenheft? Hat sich vielleicht auch
ein Kuscheltier darin versteckt?
Male, was in deinem Ranzen steckt!

In meinem Schulranzen sind meine Buntstifte ...

Was habt ihr in eurer ersten Schulstunde gemacht? Vielleicht hat eure Lehrerin oder euer Lehrer euch die Schule gezeigt! Den Pausenhof, die Turnhalle oder die Schülerklos.

Das haben wir in unserer ersten Schulstunde gemacht.

A, B, C und dann das D, E, F, G, H und noch das I ... Welche Buchstaben kannst du schreiben?

Diese BUCHSTABEN kann ich schon schreiben:

Jeden Tag wirst du nun lesen, schreiben oder rechnen, turnen, singen, basteln oder malen. Was machst du am allerliebsten?

Mo.	Di.	Mi.	Do.	Fr.
Lesen	Malen	Schreiben	Schreiben	Lesen
Rechnen	Lesen	Lesen	Rechnen	Rechnen
Basteln	Turnen	Malen	Schreiben	Schreiben
Basteln	Turnen	Malen	Rechnen	Malen

Ich mag am liebsten ...

In der großen Schulpause essen
alle Kinder ihr Pausenbrot.
Danach spielen sie auf dem Schulhof
Fangen oder laufen um die Wette.
Male dein Pausenbrot so, wie es
besonders lecker schmeckt!

In der großen Pause esse ich mein Pausenbrot!

Zahlen malen, das macht Spaß!
Kannst du die Zahlen von 1 bis 10 schreiben?

Diese ZAHLEN kann ich schreiben!

Huiii, so viele Buchstaben tanzen durch das erste Schuljahr! Und sooo viele Zahlen! Hast du einen Lieblingsbuchstaben? Und welches ist deine Lieblingszahl? Male sie in deinen Lieblingsfarben.

Mein Lieblingsbuchstabe

ist ....

Meine Lieblingszahl

ist ....

Wenn ein Kind Geburtstag hat, singt die ganze Klasse ein Geburtstagslied. Wer dir zu deinem Geburtstag gratulieren will, kann einen bunten Luftballon in dein Album malen.

An meinem Geburtstag haben mir alle Kinder gratuliert.

Aus Buchstaben werden Wörter gemacht.
Lustige lange Wörter oder kurze komische
Wörter. Welche Wörter kannst
du schreiben?

Diese Wörter kann ich schon schreiben:

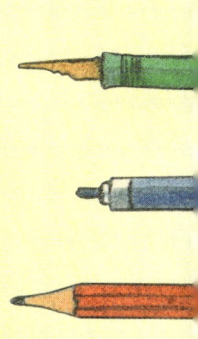

In der Schule lernen alle Kinder lesen, schreiben und noch viel mehr. Lustige Lieder und Rätselaufgaben gehören auch dazu. Wenn du magst, kannst du ein Bild zu dem Lied malen, das dir am besten gefällt.

Besonders gern singe ich das Lied ...

Bestimmt habt ihr mit eurer Klasse einen schönen Ausflug gemacht. Wart ihr vielleicht im Zoo oder auf einem besonders schönen Spielplatz? Male ein lustiges Erlebnis, das dir besonders gut gefallen hat!

Einmal haben wir einen tollen AUSFLUG gemacht!

Wenn du ein Foto von deiner Schulklasse hast, kannst du es hier einkleben.

Das sind alle Kinder aus meiner 1. Klasse.

© 2002 Christophorus-Verlag GmbH
Freiburg im Breisgau
www.christophorus-verlag.de

Alle Rechte vorbehalten
ISBN 3-419-52965-1

2. Auflage

Produktion: Uwe Stohrer Werbung, Freiburg
Manufactured in China by Leo Paper